AF280613

Lieselotte Stiegler

IM SCHATTENLAND

Gedichte

Lieselotte Stiegler wurde am 29.12.1950 in
Schladming/ Steiermark geboren.
Erste Veröffentlichungen in verschiedenen
Anthologien in der Schweiz und in
Österreich.

Worte an der Türe...

Ich weiß nicht, ob man über Poesie, die für sich selbst spricht, etwas sagen muss. Einer Poesie voller Würde, Anziehungskraft mit ausdrucksvollen, starken Bildern. Sie sind eingeladen in ein geheimnisvolles, zauberhaftes Schattenland, das Sie mit Überraschungen und gleichzeitig mit Erwartungen in ihren Bann ziehen wird. Es regt zum Nachdenken an, manchmal macht es traurig, manchmal wird es Sie entzücken; es ist gleichzeitig bekanntes und unbekanntes Land - ein Land der wahren Poesie. Wundern Sie sich nicht über die Gegensätze in meinen Worten, „Überraschung - Erwartung", „bekannt - unbekannt". Mit voller Überzeugung schreibe ich diese Sätze, meine Hand lege ich dafür aufs Herz und erwarte Sie an der Türe in das neue Land. Sie stoßen auf noch Unberührtes, das manchmal zu gewagten, poetischen Bildern führt. Die Bilder vermögen etwas in der Seele zu öffnen, das vielleicht schon längst geöffnet war und nur auf seine Existenzberechtigung wartet.
Diese Lyrik ist ein Spiegel für die klare Liebe zum Leben, für den Menschen, die Natur und die Ideen einer Gerechtigkeit. Ein Spiegel auch für alles, was der Menschlichkeit fremd sein sollte - Hass, Bosheit, Ungerechtigkeit...
Liebe - Hass, Freude - Trauer, uns allen sind diese Empfindungen bekannt, oft werden sie nur hinter vorgehaltener Hand ausgesprochen. Dieses

Mosaik von Gefühlen, Gedanken, verborgenen Worten finden Sie in diesen Gedichten.
Jedes Wort, jede Strophe, jedes Bild bringt Ihnen den Dichter näher. Und Sie werden dieses Schattenland lieben - ein Land der Schönheit, ein Land der Poesie, vom Autor erschaffen.
Jeder Mensch, wer immer er auch ist, hat seine eigene, besondere Welt, sein eigenes Schattenland, in welchem er nach Eintritt für Augenblicke er selbst bleibt - traurig, nachdenklich, fröhlich, fürsorglich. Die Autorin lebt in dieser von ihr erschaffenen Welt, öffnet Ihnen mit jedem Gedicht ihre Seele und teilt mit Ihnen vieles, was sie bewegt. Sie ist ihren Worten treu, wenn sie schreibt:

Noch brennt es Wunden in die Haut
Noch schlägt es meine Nächte lahm
Doch eines Tages benennt es meinen Tag
Das Wort.

Sie ist in ihrer Lyrik gnadenlos, auch ohne Mitleid zu sich selbst, zu ihren Werken, zu jedem ihrer Worte. Dieser Aspekt ist wichtig für sie und auch für alle, die ihre Poesie lesen und anerkennen. So wie sie selbst sagt:
„Jedes Wort sollte durch das Schreiben eigenes Leben erhalten, kämpfen ohne jegliche Hilfe und Unterstützung."
Und wirklich, ob man über Liebe, Träume, Hoffnung und Leid spricht, die Worte bekommen ihre Lebendigkeit, Kraft und Herzlichkeit.

Genau in dieser Herzlichkeit, Offenheit und Originalität liegt der Unterschied zwischen der Welt der Poesie, die Schattenland heißt, und dem leeren Wortspiel, hinter der sich „Die Moderne" versteckt, wie wir sie oft in Werken sehen.

Wenn im Schattenland die Stille stöhnt, schreit, ruft und der Donner in seinem Schweigen verharrt, wundern Sie sich nicht, sondern hören Sie einfach zu.

Sie treten in ein Land, das Sie nicht in geographischen Karten suchen brauchen;

es ist immer mit Ihnen in Ihren Gedanken.

Machen Sie diese Reise, es ist eine Reise in Ihre Seele.

Jodgor Obid

Noch brennt es Wunden in die Haut

Noch schlägt es meine Nächte lahm

Doch eines Tages benennt es meinen Tag

Das Wort.

Warte auf die Möwe,

die dein Herz in fremde Länder flog,

denn auf ihrem Flügel trägt sie

deine tiefe Sehnsucht.

Warte auf die Möwe,

die dir den Schmerz gebar,

denn erdacht aus Träumen,

irrt er verloren durch die Jahreszeiten.

Warte auf die Brücke,

die ein Fluss in Stücke brach.

Still stehe ich am Ufer

Reich mir die Hand und rufe:

Ich warte auf die Möwe.

Welt - Urne

ich beweine

deine Toten

dein sattes Beet,

das die Sonne unter dem Glasdach verehrt.

Welt - Urne

ich beweine

dein verbranntes Feld unter meinen Füßen.

Was uns lebt,

zeugt Angst.

Nicht der heiße Wüstensand

Nicht der leere Wasserkrug

riss aus eurem Herz die Wurzel.

Nomaden

Einzig nur ein Wort aus eurem Mund

warf euch den Grenzstein vor die Füße.

Nun fesseln euch die Ketten der Freiheit

im fremden Land

Nomaden

Dort wo der Horizont die Erde küsst,

wird vergänglich eure Spur

und das Tor der Heimat öffnet sich

Nomaden

Zwischen dem Wort und dem Schweigen

liegt meine Einsamkeit

Sie schüttet Löcher in mein Herz,

doch nur aus ihnen kann ich atmen.

Ich hauche Eisblumen

auf das Fenster meines Liebsten.

Nur um ein Wort zu gebären,

lege ich der Liebe Ketten an.

Ich schlage

Ich schlage die Erde

mit meinen Fäusten

Doch heute

trägt sie einen eisernen Mantel.

Ich bin im Schattenland

Sie spielen mit meiner Silhouette

Sie legen die Augen in Ketten

Sie malen Spuren ohne ein Land

Eine Windrose wächst aus der Nacht

Ich bin im Schattenland.

Ring des Volkes

Volksring

Bündig

in Mehrheit

Ehrenamtlicher Aufruf

zum Fackelzug

bis

jeder Gedanke

im Lichtermeer

verbrennt

Ring der Asche

Aschenring

Einäscherung.

Zu Einheitswunderkerzen

formt die Masse ihr flüssiges Wachs

Erloschen

in Händen des Parlamentärs

fragt sie

nach dem Feinde.

Die Sehnsucht des flammenden Morgens
brannte Ungeduld auf meine Haut
und in der Sandburg meiner Träume
erwacht die Zeit nun zwischen Glut und
Asche.
Nimm die Steine aus meiner Hand, Geliebter,
um das Mosaik der Liebe zu vollenden.

Aus unseren Häusern

trugen wir das Feuer.

Das Brandmal unserer Haut

das kannte nur der Wind.

Die Dämmerung der Wintertage

konnten wir ertragen,

hier webten die Gedanken still

am seidenen Kleid des Wortes,

bis deine Brücke mein Ufer erreichte.

Flusslandschaft der Menschlichkeit.

Noch nicht ausgesprochen

werfen sie ihr Echo

in das Glashaus meiner Worte,

um sich aus ihrem Labyrinth zu winden.

Mein Weg

der sucht den uferlosen Fluss,

um der Strömung zu entfliehen.

Noch nicht ausgesprochen

drohe ich im Klang des Unsagbaren zu

ertrinken.

Mein Wort

am Ufer deiner Liebe

sucht kein Ende,

still verliert es sich im Meer

und beginnt sein Lied zu singen.

Mein Körper

im Zenit des Lichtes

fürchtet nicht das Ende eines Tages,

sanft vermählt er sich der Nacht

und küsst den Wendekreis der Zeit.

Mein Geist

im Ebenmaß der Dinge

zeichnet meine Gedanken nicht auf hartem

Stein,

er wartet auf dein Echo.

Von Bäumen tropft das Harz

Aus gerodetem Land hört der Fremde

sein Herz schlagen

Er wartet

bis das Muttermal der Erde entwächst.

Es trügt der Horizont mit Gleichheit

In ein Fangnetz flogen die Tauben

Ihre Feder,

die in Freiheit Friedenszeichen malte,

schwebt leise nun zu Boden.

In blutgetränkte Erde vergraben Bäume ihre

Blätter,

um die Einheit zu signieren.

Nacktes Tor am mauerlosen Haus der Heimat

Aus dem Niemandsland winkt der Geliebte

bis ihn ein monotoner Trommelschlag erreicht

Schon werben sie,

die Häscher einer Ordnung

mit den gebrochenen Herzen derer,

die der Vermählung Macht mit Ohnmacht

nicht mehr trotzen.

Es trügt der Horizont mit Freiheit.

Wie ich mein Leben gebar
Wie ich mich meinem Leben wiedergab
Ein Geheimnis in der Fremde
Eine unsichtbare Notiz in meinem Gesicht.

Heimatlos mit meinen weiten Gedanken
Heimatlos mit den Fluchtpunkten meiner
Liebe
Heimatlos mit dem Testament meiner Ahnen
Heimatlos in einer Stadt hinter der Mauer
Heimatlos mit Fesseln, die Gemeinsamkeit
versprechen
Heimatlos mit dem Wind, der meinen Namen
ruft.

Ich bin erträumt als das Uhrwerk die Stunde
schlug
Ich bin erträumt am Tag des Losungswortes.

Weit spannte der Eisvogel die Flügel,

als Winterfäden seine Stimme trugen

Im Tal der einsamen Jahreszeit

legte der Winter Knospen um Kristalle

Kein Feilschen mehr um seine Worte

Ein weißer Schleier um den Klang und

Spuren, die schlossen ihren Kreis.

Von Stürmen getragen

flog eine Feder

der Sonne entgegen.

Um diesem Land mit seiner Stummheit

zu entfliehen,

beschwor der Eisvogel den ewigen Winter,

sein Land neu zu benennen.

Versunken im Nordlicht

lebt nun der Eisvogel.

Gefangen im Netz

suche ich meinen Fischer

doch ohne Wasser scheint das Meer.

Ich bin gestrandet,

eine Muschel zwischen den Gezeiten.

Luftwurzeln der Illusion

für den Gestrandeten

Gefangen im Netz der Spinne

Meine Zeit beginnt,

wenn Wachsblumen für den Traum

meinen Morgen deuten.

Sie brannten Modelle aus Lehm

Ich spürte der Lügen geschwungene Form

Ich hörte die Reden gemeinsamer

Gleichgültigkeit

auf den Podesten des Scheins

Es wird sich zeigen

mein Testament

Ich werde zählen

Zeit - Jahr - Zeit

Und es wird Zeit.

Begrabe deine Trauer

Bald bedeckt der Schnee wieder Wege

und aus dem verwundeten Land

zieht eine Kraft Eisblumen für dein Vergessen

Gezeiten wechseln, erkämpfen sich die Zeit

aufs Neue

Die Winternacht entreißt dem Baum die

Tarnung

Nacktheit trotzt der Blöße.

In deinen Augen

zeichnet mein Leben seine Spur

Aus deinem Mund

formen Worte ihren Klang

Um deinen Körper

schließt die Liebe ihren Ring

Zur Düne wird nun meine Sehnsucht,

die dem Gesetz der Heimatlosen folgt.

Gute Nacht, mein Liebster,

ein Falter begleitet meinen Traum,

er zeichnet Wege aus der Einsamkeit.

Gute Nacht, mein Liebster,

die Symphonie der Nachtigall

klingt aus der verletzten Erde.

Gute Nacht, mein Liebster,

des Hirten Wanderstab

zieht schon die Spur des Morgengrauens.

Im Torbogen der erdachten Zeit

wächst die Rose der Vergänglichkeit

Nur in einem Rosenblatt

möchte ich die Wahrheit spüren.

Ich sehe den Dorn in deinen Augen

im Torbogen der erdachten Zeit.

Hört ihr ihn ?

Den lockenden Ruf der Nachtigall

Schon trägt der Wind

ihn in den Turm der Stille.

Der Tag eilt eurem Wunsch voraus

Trunken im Bann der Dinge,

wird so der Morgen zur Vergangenheit.

Hört ihr ihn ?

Den lockenden Ruf der Nachtigall ?

Gebrochen ist der Wein im Schaumglas

Abendmahl der steten Unvollkommenheit.

Spricht man ja

so hört man nein

Gefährdetes Feindbild im Bunker

In das Kraftwerk des Friedens

rettet sich die Gegensätzlichkeit.

Die Zeit grub mir ein Loch,

als der Maulwurf an den Wurzeln nagte

Im Land der ungezählten Sterne

schob sich die Teufelskrähe vor die Sonne

Die blinden Tage an der Angel

vergällten mir die Nacht

Doch meine Hand

sie formte Raum um Raum

bis ich im Tal der Sandbrücken

über die Spuren meiner Möglichkeiten lief

Die Zeit gibt mir die Zeit.

Schwarzer Stiefel

Spuren auf verletzter Erde

Über heißen Asphalt kriecht die Erinnerung

Gazellen im grünschimmernden Moos,

sie meiden das hohe Gras,

denn kein Sommerregen lässt

den gebrochenen Halm wieder wachsen.

Stein um Stein

legte ich ein Mosaik

damit im Lichte einer Nacht

mein Wort in deinem Schatten tanzt.

Dein Echo flieht der Zeit

und wartend

stehe ich nun zwischen

Tag und Nacht.

Ich bin verloren

in der Welt der Dinge.

Goldenen Sand trug

mir der Wind vors Haus

In deinen Mund versuchte ich

ein Korn zu legen.

Ich bin verloren

in der Stummheit deiner Worte.

Warte auf mein Echo

Es schweigt die Nacht, die Tage eilen,

in Worte flüchtet sich mein Opfer,

noch küsst der Regenbogen nicht die Erde.

Warte auf mein Echo.

Nur zwischen dem Sand

zeigt sich die Wüste

Wasserträger

Sucht zuerst das Salz,

bevor ihr eure Worte tränkt

denn

nur zwischen dem Sand

zeigt sich die Wüste.

MORGEN - LAND

in Dämmerung

ABEND   - LAND

im Morgengrau

Gezählte Tage

in Geschichtsbüchern

gefunden

in einer fremden Heimat.

Mit meinen Träumen

tanzt die Nacht, Geliebter

Nur einen Flügelschlag entfernt

spüre ich deinen Atem

Mit meinen Träumen

spielt die Zeit, Geliebter,

denn in der Morgendämmerung

verliere ich deine Hand.

Karawane

mit gebrochenen Flügeln

Karawane

in unterirdischen Gängen bei Nacht

Karawane

über Kieswege der Angst

Karawanen

der Staat verleiht dem Volk seinen Namen

URNENGEHER

Es fliehen die Gedanken

Aus Worten fließt das Harz

Oh, du unbenanntes Land,

ist es der Ruf der Nachtigall,

dem meine Stimme folgt ?

Über Nachtnebel rankt wilder Wein

Meine Rosen wachsen aus den Wolken.

Die Macht umspannt

die Grenzen einer Wirklichkeit,

mit der die Freiheit spielt

im luftleeren Raum.

Im Gesicht des Gegners

konfrontiert ein Du

sich mit Spiegelbild des Ichs.

Möglichkeit des Seins

erdacht aus Gegensätzen,

aus deren Existenz der Atem seine Kräfte holt,

um die Menschheit zu gebären.

Gegen Süden

fliegen die Zugvögel,

auf ihren Flügeln unsichtbar

die Freiheit

Manchmal

schwebt eine Feder zu Boden

und zeichnet

den Kreis der willigen Lüge.

Er will das Messer, schleift die Klingen

Er nimmt dem Fluss die Strömung

Lautlos lässt er seinen Atem

über Erdreich kriechen

Er will die Tropfen in den Flüssen zählen

und spürt doch die Unmöglichkeit

Mit scharfen Blitzen

sitzt er in einer Kugel aus Metall,

in der das Graue nur das Graue spiegelt.

Er greift nach ihnen - Bilder ohne Rahmen.

Was kostet der Tag?

fragt er die Händler und

bindet so den Morgen an die Morgen alle,

die im Keim ersticken.

Weicht die Ohnmacht einer Macht
umkreist der Steppenwolf das Land
Im Netz seiner schwarzen Einsamkeit
zählt er jeden Tropfen Blut der Untertanen,
um ihr Herz zu töten.
Auf jedes Wort drückt er den Stempel
der Gemeinsamkeit,
um im goldenen Käfig seinen Wolf zu rühmen.
So wandern stumme Laute durch die Strassen.
Mein armes stilles Land,
zu Steinen wurden deine Laute.

Noch nicht ausgesprochen

ist die Weissagung meiner Ahnen

Ich war auf Reisen vor meiner Geburt

Im luftleeren Raum schwebe ich

Auf einer Wolke meine stille Erwartung.

Die Nacht beugt sich nie dem Tag

nicht dem Brechen des Lichtes

im Spiegel zwischen Eitelkeit und Zweifel

Die Finsternis leiht dem Bettelmönch den Stolz

Seine Nacht feilscht nie an den Ständen des

Marktes.

Du, Politik der Sterne,

du schlägst das Holz im Feuer

und

fragst mit lauter Stimme:

Wem kann ich irgendwie helfen?

Du, Politik der Sterne,

deine rechte Hand reicht

deiner linken den Finger,

während du auf dem geernteten Feld

auf das Danke des Volkes wartest.

In den Dünen
wartet die Heimat
Wandere, Nomade
Wandere schnell
denn in den Oasen
ertrinkt die Sehnsucht.

Nur eine Spur im Sand

war ich von dir entfernt

und Dünen bauten meine Jahre

bis ein Augenblick im Grenzland deiner Liebe

mir die Zeit gebar.

Schon die Ahnen

schwiegen

Schon die Ahnen waren

stummes Bataillon

von Zinnsoldaten

Mit Maulwurfsaugen

den Feind im Bild

trügt den Blick

V A T E R L A N D

tauften sie ihr Narrenschiff

die FLUSSLÄUFER.

Die Souks erwachen

aus einer Nacht,

die nie die Mitternachtssonne sah.

Im getünchten Kalk

wartet der Schafpelz auf seinen Preis.

Die Souks erwachen

an einem Morgen,

der aus glühendem Eisen die Wirklichkeit

formt.

Kinder der Souks

Ihre Ware ist Leben

Der Preis ist ihr Stolz.

Die Souks verstummen

an einem Abend

und die kleinste Lüge

hält eine Münze fest in der Hand.

Schwarz auf weißer Haut

Wasserwaage auf erdachten Kanten

Erbindiz auf silbernem Tablett

Gesetz auf leerem Blatt

Geburtswundenhelfer

Im Kreissaal liegt die Gleichheit.

Eure Macht von heute: ein Pfeil

gezogen aus Köchern, die leer sind

Gespannter Bogen in klebrigen Händen

der Schützen.

Die Schärfe des Ziels und ihre Gewalt

Eure Macht von heute: Luft

die getrocknete Erde schwängert

Blut in den Spuren totgelaufener Füße

zeichnen die Geschichte einer noch

ungeborenen Menschheit.

Heublumen

noch vor der Blüte

geerntet

Heublumen

schon in Knospen

erstickt

Heublumen

gemäht

von der Sense der Ideologie.

Ein Atem, der meine Worte formt

und die Wirklichkeit

Gedanken mit dem Stempel des Vergangenen

Umarme deinen Ursprung

denn der Anfang verheißt schon sein Ende

nach dem Wissen

nach dem Wissen.

Für und Wider an Toren zur Vollendung

Schutzschloss der Stummheit von Mund zu

Mund

Ein Wort beginnt sich zu nähren auf der Straße

mit einer Geschichte, die Gültigkeit hat.

Ich betrat das steile Ufer, das die Freiheit

der Gedanken begrenzt.

Fußangeln des Lebens wie Fußangeln des

Todes

als Vorgabe der erträglichen Leichtigkeit,

geprägt von Gesetzen aus einer alten

Schriftrolle.

Der Fremde am Tor hinter der Mauer

winkt mir zu und belächelt mein Land

baut meine Brücken, benennt meine Gedanken

Umarme ich ihn, löscht er die Fackel in seiner

Hand

und hinterlässt ein Trugbild.

Ein Akrobat, der vergaß, sein Seil zu spannen.

Der Fremde hinter der Mauer

lockt mit meinem Traum.

Ein Augenblick hat keinen Anfang

Und Jahre, die sich an Tage reihen

sind kein vererbtes Testament

Zugvögel drehen sich im Kreis

Noch lebe ich im Turm

und über mir die Sterne

ihrer erdachten Ordnung bewusst.

Erbe kettet mein Erbe

Spuren über einen Weg

Dornen um Dornenbüsche

an einem einsamen Ort.

Vor dem Tor mein Erbe:

Wanderer

Ich bin die Welle

bin das Meer

mich trägt der Wind

mich weint der Regen

mich spricht dein Wort

ich habe mich verloren

zwischen den Gezeiten.

Das Wort schweigt

zwischen den Stunden des Gebetes

in den steinigen Mauern des Minarettes.

Das Wort schweigt

auf den gepflasterten Straßen,

deren Geschichte mir verschlossen ist.

Das Wort schweigt

hinter dem seidenen Schleier der fremden

Kultur.

Doch die Augen beginnen zu sprechen,

wenn ich mit dem Bettler mein Brot teile.

Die Sehnsucht eines flammenden Morgens
brannte Ungeduld auf meine Haut
und in der Sandburg meiner Träume
erwacht die Zeit nun zwischen Glut und
Asche.
Nimm die Steine aus meiner Hand, Geliebter,
um das Mosaik der Liebe zu vollenden.

Wenn eine Schwalbe über den Stachelzaun

fliegt,

ist ihr Weg von Ungeduld erfüllt und

der Blick auf einen Stein,

der sich aus dem Fels gelöst,

lockt schon mit dem neuen Traum.

Wo die Sonne zur nahen Sehnsucht wird,

gleitet feiner Sand durch unsere Hände.

Das Wüstenlied,

das leise unsere Namen ruft,

weist uns auf den Weg der Beduinen.

Warten

auf die Brücke

die den Tag

der Nacht vermählt

Warten

auf die Erde

die den Schmerz begräbt

Warten auf den Stein

der die Erinnerung zerschlägt

Warten

nur mit einem Wort

in meinem Herz

DU.

Wer gebar die Zeit

die den Horizont still teilte?

Wer gab dem Eisvogel

den Winter?

Wer der Schwalbe

ihren Sommer?

Unterrichtet in den Gesetzen der Liebe

als der Blitz in die Erde stieß

und sein Feuer uns richtete,

zogen die Vögel schon gegen den Süden.

Wer führt mich zurück

in meinen Winterraum

und zeichnet Zeit auf meine Haut

mit den erloschenen Wünschen?

Nach jedem Erwachen tasten

nach einem fliehenden Pferd

Nach jedem Erwachen horten

mit klebrigen Fingern

das Harz aus Stämmen der Bäume

Nach jedem Erwachen

den Tag vergessen,

der an den verlorenen erinnert.

Danach die unersättliche Erinnerung

wartend im Kokon der Seidenraupe

auf ein Wort, das nicht vergänglich ist.

An einem Morgen

war das Meer ohne Salz

Die Krebse zogen Wahrheit um ihre Schalen

Meine Erwartungen schaukeln auf Schiffen der

Zeit

Die Stunde meines Geliebten

liegt unter dem Segelmast

wie eine ungehisste Fahne.

Ich hörte

deine Worte im Echo

wie aus einem ungeteilten Raum

zwischen dem Lehm der Mauer

Klang des satten Gestern

im Sand begraben

wie eine Muschel

ihrer Perle beraubt.

Morgen

werden wir dem Flügelschlag

der Zugvögel lauschen

Morgen

wird der Wind

mit unserer Freiheit spielen

Morgen

wird der Fährmann locken

Morgen

benetzt ein kühler Tau

die Wiederkehr des Morgen.

Der Schmerz gräbt mir meine Grube

Muss ich dem Tode erst die Hände reichen

und dein verschwiegenes Wort aus meinem

Körper brennen ?

Warum stehst du erstarrt am Fuße eines Berges

und malst dein Zeichen zwischen kaltem Fels ?

Hält das Leben dich gefangen

um dem Tod die Liebe zu gewähren ?

Reiß aus die Bitterwurzel mit dem Meineid

Ich warf zuerst den Stein in deine Wunde

um meinen Ängsten zu entfliehen

Du bautest mir den Grenzwall

hinter dessen Schutz ich nackt nun stehe

Und zwischen uns der Feuerbusch

der alle Worte nichtig macht.

VERGIB ihr deiner Trauer

Deine Worte bleiben aus, verlieren sich im
Sand
Dein Mund hat anderes zu sagen
Deine kühle Hand greift nach den Steinen
Die Klagemauer schließt die Pforte
Des Falken scharfer Blick schweift übers Feld
Du siehst und kannst nichts sehen.

VERGIB ihr deiner Trauer

Versuche mich zu erahnen,

damit ich nicht benannt werde

von dieser Ordnung zwischen Sein und Haben

Wenn die Reise der Zugvögel beginnt

werde ich auf dem Weinhügel stehen

werde meiner Liebe Flügel wachsen lassen

Ich werde Weinstöcke setzen

Vielleicht werde ich ein Sandbild malen

signiert mit den Schriftzeichen meiner

Gedanken

und dem Schweigekleid der Weisen.

Klangbild

der Fremde entwachsen.

Wir wurden getragen

von einem freien Augenblick

in einem freien Raum

Die du jetzt erkannt hast

ist eine Spur

aus dir geboren

Sie war der Flügelschlag eines Wandervogels

auf deinem Weg

ein unsichtbares Mal des Skarabäus

der Turm zu Babylon

erbaut aus Mosaiken deines Zufalls.

In mein Land schicktest du

die Wachen deiner Zeit

Über meinen Himmel spanntest du ein Netz

um in den Ibisnächten ihrem Klang zu

lauschen

Über meinen Garten zogst du tief den Schleier,

damit der Duft des wilden Thymians

nicht an deine Grenzen rüttelt

Aus meinen Brunnen holtest du das Wasser,

um deiner Wüste zu entgehen

Doch als meine Botschaft

den Trauerberg erklomm

verbrannte der Verzicht schon deine Augen.

Nicht dieser Traum. Und auch kein anderer.

ich säte Vogelbeeren in Beete einer Nacht

und verkaufte sie

am Marktstand des Erträglichen

Den Stachel der Verletzbarkeit spürte ich

und gab in deine Hand das Pfand der Zeit:

Liebe

Mit schwarzem Sand in den Augen

fliegt der Falke über eine Brücke

zwischen Luft und Erde

Am Schnabel der Nachtigall

hängt schon der Kuss von Morgen

Auf blasser Nebeldecke erscheinen die Worte:

Die Zeit ist das Ende der Sehnsucht.

Noch stehe ich still

auf einer Feuerwiese voller Zweifel

Noch haben die Flammen

kein Mal auf meine Haut gebrannt.

Dein Blick in meinen Augen

malt noch immer das Rosenblatt.

Nie hast du mich gerufen

und bautest für meinen Schwur eine Brücke.

Das Hoffen vergessen

auf schmalen Pfaden der Verheißung

Den Tau verraten

der die Blüte benetzt

Den Schleier berühren

über dem Irrtumsnest einer Stunde

Vor dem entblößten Blick der Frage

gemeinsam Neugier spüren.

Fächer der Leidenschaft

in Nächten über Brücke

über Mohnfeld des Verlangens

im Wasserschloss der Liebe.

Süß und schwer

wie der satte Duft aus Rosenholz

strömt der Atem aus deinem Mund

Eine Nacht lang

Augenblicke küssen im Wendekreis der Zeit.

Leichtigkeit

Strahlen brechen

Licht des Schattens

Dämmerung kündet neuen Tag

Zukunft einer Morgenröte

geträumt in einer Nacht.

Namenlos geworden

war die Grenze

im Schatten ihres Traumes

Die Ferne lockt

mit Du des Morgentaus

Im Niemandsland

der fremden Welt

erwacht in deinem Wort

ein Traum

Ohne Fährmann fließt

der Styx ins Licht,

An den Grenzen der Macht

fällt der Stein ins Wasser

und lahm wird die Hand

die ihn geworfen.

Zwei Worte liegen zwischen

Sand und Stein

Das eine trägt der Wind

und ruft laut : Freiheit

Der Stein sucht seine Heimat

in der Erde und

gibt der Grenze ihren Namen :

Friede

Herstellung: Books on Demand GmbH
ISBN 3-8311-2402-7